Inhalt

Branchenreport MEDIEN & VERLAGE Ausgabe 1/2011

Kernthesen

Beitrag

Zahlen und Fakten

Weiterführende Literatur

Impressum

Branchenreport MEDIEN & VERLAGE Ausgabe 1/2011

Thomas Trares

Kernthesen

- Bei den deutschen Zeitungshäusern sinkt die Auflage stetig.
- Deswegen wollen die Verlage in der aktuellen Tarifrunde die Löhne deutlich senken.
- Die privaten Fernsehsender profitieren von der wiedererstarkten Werbekonjunktur.
- Die Kinobranche konnte zuletzt nicht mehr an das gute Jahr 2009 anknüpfen.
- Derweil attackiert der Bauer Verlag das deutsche Presse-Grosso-System.

Beitrag

Die Zeitungen und Zeitschriften in Deutschland

Die Zeitungs- und Zeitschriftenverlegern befinden sich in einer Strukturkrise. Insbesondere bei den Tageszeitungen sinkt die Auflage stetig. Bei der "WAZ" oder der "Berliner Morgenpost" betrug der Rückgang in den vergangenen zehn Jahren über 30 Prozent. Da immer mehr Kunden ins Internet abwandern, gehen auch die Anzeigenerlöse zurück. Die Zeitungsverleger verdienten 2009 erstmals seit Jahrzehnten mehr Geld mit dem Verkauf von Zeitungen als mit Anzeigenerlösen. Dies lag aber nicht an anziehenden Verkäufen, sondern an den stärker schrumpfenden Anzeigeerlösen. Dieser Trend dürfte sich verfestigen. Auch bei den Zeitschriftenverlagen geht die Auflage zurück. Allerdings sieht dort die Erlössituation etwas besser aus als bei den Zeitungen. (13), [Abb. 1]

Die Entwicklung ausgewählter Verlage, Zeitungen und

Zeitschriften

Für den größten europäischen Medienkonzern Bertelsmann war 2010 ein gutes Jahr. Der Gewinn schnellte auf 656 Millionen Euro hoch, nach 35 Millionen Euro im Jahr 2009. Der Umsatz stieg um 4,5 Prozent auf 15,8 Milliarden Euro, die Rendite erreichte den bisherigen Höchstwert von 11,7 Prozent. Bertelsmann profitierte von der Erholung der Werbemärkte. Zu dem Gütersloher Konzern gehören die RTL Group, der Verlag Gruner + Jahr ("Stern", "Gala", "Brigitte"), die Dienstleistungstochter Arvato und der Buchverlag Random House, bei dem der Bestseller "Deutschland schafft sich ab" von Thilo Sarrazin erschienen ist. Sorgenkind bleibt die Buchclubsparte Direct Group. Ausbauen will Bertelsmann künftig das Geschäft mit Musikrechten. (7)

Deutschlands größter Zeitungsverlag Axel Springer ("Bild", "Welt") hat einen starken Jahresauftakt hingelegt. Das Ergebnis vor Zinsen, Steuern und Abschreibungen (Ebitda) legte im ersten Quartal 2011 um knapp sieben Prozent auf rund 127 Millionen Euro zu. Der Umsatz kletterte um elf Prozent auf 737 Millionen Euro. Springer profitierte dabei von seinen neuen Aktivitäten, dem Joint-Venture mit dem Schweizer Ringier-Verlag in Osteuropa sowie der Online-Immobilienbörse Seloger.com. Der Anteil der digitalen Medien am Gesamtumsatz liegt inzwischen bei 28,8 Prozent. In spätestens sieben Jahren will Springer jeden zweiten Euro im Internet verdienen und damit rückläufige Printauflagen im Inland kompensieren. 2010 erzielte Axel Springer ein Ebitda von 510,6 Millionen Euro sowie einen Umsatz von 2,89 Milliarden Euro. (1)

Obwohl der Holtzbrinck Verlag in den vergangenen Jahren seine Online-Aktivitäten ausgebaut hat, erwirtschaftet der Konzern den Großteil seines Umsatzes von 2,3 Milliarden Euro nach wie vor im klassischen Geschäft. Dazu zählen die Buchverlage Rowohlt und Macmillan, der Bereich Bildung und Wissenschaft (Nature Publishing Group, "Spektrum der Wissenschaft") sowie Printtitel wie die "Lausitzer Rundschau" und die "Zeit". Holtzbrinck Digital steuerte zuletzt neun Prozent zum Gesamtumsatz bei. Geld verdiente der Verlag in der Online-Sparte mit reinen Finanzbeteiligungen: So wurde in jüngerer Zeit der Minderheitsanteil am Rabattnetzwerk Citydeal verkauft ebenso wie die Beteiligung an der Shoppingplattform Brands4Friends. Probleme bereiten die langfristig angelegten Onlinegeschäfte. Bei den sozialen Netzwerken verlieren die VZ-Netzwerke gegenüber dem US-Konkurrenten Facebook an Boden. Nun wird über einen Verkauf der VZ-Gruppe spekuliert. (20)

Die Bauer Media Group ist eines der führenden

Medienunternehmen Europas mit rund 8 000 Beschäftigten. 2010 wird der Konzernumsatz zwar leicht über 2 Milliarden Euro liegen (gegenüber 2,107 Milliarden Euro in 2009), allerdings ist die Umsatzentwicklung aufgrund von Rückgängen im Vertriebsbereich sowie wegen Veränderungen des Konsolidierungskreises leicht rückläufig. Die Bauer Media Group publiziert 323 Zeitschriften in 15 Ländern. (26)

Der Medienkonzern Burda ("Focus", "Bunte") prognostiziert für dieses Jahr ein Umsatzwachstum von 15 bis 16 Prozent nach einem Umsatz von rund 1,7 Milliarden Euro in 2010 und setzt auf ein auf zwei Jahre angesetztes Wachstumsprogramm. Das Familienunternehmen mit rund 1 500 Mitarbeitern will vor allem die Profitabilität des Unternehmens steigern. Für Burda spielt das Zeitschriftengeschäft im Inland noch immer die Hauptrolle. (27)

Die WAZ Mediengruppe ist der drittgrößte deutsche Großverlag mit rund 15 000 Beschäftigten. Hauptblatt ist die "Westdeutsche Allgemeine Zeitung". Im Ruhrgebiet gehören noch die "Neue Ruhr/Rhein Zeitung", die "Westfalenpost" und die "Westfälische Rundschau" zu dem Verlag. Zudem ist man stark in Osteuropa vertreten. Zuletzt jedoch hat die WAZ im Machtkampf um die Kontrolle von Österreichs größter Tageszeitung, der "Kronen Zeitung", eine Niederlage einstecken müssen. Die Wiener

Verlegerfamilie Dichand setzte eine gerichtliche Verfügung durch, wonach bei der "Kronen Zeitung" die Verkaufs- und Abopreise nicht erhöht werden dürfen. Die WAZ-Gruppe und die Wiener Verlegerfamilie kämpfen bereits seit Jahren um Einfluss. Beide besitzen jeweils die Hälfte an dem Blatt. Die "Kronen Zeitung" ist die größte Auslandsbeteiligung der WAZ. (6)

Die privaten Fernsehsender

Die RTL Group, Europas größter Fernseh- und Radiokonzern, hat 2010 von der starken Erholung der Werbemärkte in Westeuropa profitiert. Der Gewinn lag bei 730 Millionen Euro, das waren mehr als doppelt so viel wie im Vorjahr. Zusammen mit einem Umsatz von knapp 5,6 Milliarden Euro und einer Rendite von knapp zwanzig Prozent war RTL erneut wichtigster Ertragsbringer für Bertelsmann. Im ersten Quartal 2011 hat sich das Wachstum abgeschwächt. Die Erlöse stiegen nur um 0,8 Prozent auf 1,25 Milliarden Euro. In Deutschland gehören die Sender RTL, RTL2, SuperRTL, n-tv und Vox zur Gruppe. (16)

Die Sendergruppe ProSiebenSat.1, zu der auch noch Kabel 1 und 9live gehören, befindet sich dank florierender Auslandsaktivitäten im Aufwind. 2010 hat der Sender bei einem Umsatz von rund 3 Milliarden Euro seinen Gewinn auf 312,7 Millionen

Euro mehr als verdoppelt. Für das laufende Jahr sieht sich der Konzern auf Kurs. Der Umsatz stieg im ersten Quartal um knapp vier Prozent auf 683 Millionen Euro, der Überschuss verdoppelte sich nahezu auf mehr als 38 Millionen Euro. Nachdem ProSiebenSat.1 sein Benelux-Geschäfts für 1,2 Milliarden Euro an den finnischen Medienkonzern Sanoma verkauft hat, wird nun auch bei dem Quizsender 9Live der Live-Betrieb eingestellt. Über die Zukunft des Senders ist aber noch nicht endgültig entschieden. (15)

Der Bezahlsender Sky Deutschland hat im ersten Quartal 2011 insgesamt 73 000 neue Abonnenten hinzugewonnen. Mit 2,726 Millionen Kunden hat der Sender nun so viele Kunden wie nie zuvor. Allerdings schreibt Sky Deutschland nach wie vor rote Zahlen, zum Jahresauftakt lag das Minus bei 86,9 Millionen Euro nach 97 Millionen Euro im Vorjahr. Der Umsatz kletterte im ersten Quartal um knapp 15 Prozent auf 269,6 Millionen Euro, der Umsatz für 2010 belief sich auf 977 Millionen Euro. Auch im Gesamtjahr rechnet Sky mit Verlusten. Wann der Sprung in die schwarzen Zahlen gelingt, ist offen. Sky braucht rund drei Millionen Abonnenten, um Geld zu verdienen. In den vergangenen zwölf Monaten hatte der Medienkonzern News Corp., der an Sky Deutschland beteiligt ist, rund 448 Millionen Euro in den Sender gepumpt, unter anderem um das Programm auszubauen und das HD-Angebot aufzustocken. (17)

Die öffentlich-rechtlichen Sender

Charakteristisch für Deutschland ist die starke Stellung des Gebühren finanzierten öffentlich-rechtlichen Rundfunksystems. Dieses umfasst die föderal gegliederte Arbeitsgemeinschaft der Rundfunkanstalten der Bundesrepublik Deutschland (ARD) sowie das zentral organisierte Zweite Deutsche Fernsehen (ZDF). Während die ARD das Erste Fernsehprogramm, die Dritten Programme sowie zahlreiche Hörfunkangebote betreibt, ist das ZDF ausschließlich im Fernsehen engagiert. Die Gebühreneinnahmen bezifferten sich zuletzt auf 7,3 Milliarden Euro. Umstritten sind die Online-Aktivitäten der Öffentlich-Rechtlichen. Die Verlage fordern, dass die "schrankenlose Expansion des öffentlich-rechtlichen Rundfunks ins Internet" gestoppt wird. Sie werfen ARD und ZDF vor, ihnen mit Gebühren finanzierten Artikeln im Internet Konkurrenz zu machen. Die Zeitungsverleger wollen nun vor Gericht ziehen. (14)

Die Filmbranche

Mit rund 146 Millionen Besuchern war das Jahr 2009

ein sehr guter Jahrgang für die deutschen Kinos. 2010 jedoch sank die Zahl der verkauften Tickets wieder um 13,5 Prozent auf 126,6 Millionen. Der Rückgang war vor allem auf die kreative Pause der deutschen Filmbranche zurückzuführen. Denn die Zahl der deutschen Premieren ist mit 189 Filmstarts erstmals seit dem Jahr 2003 wieder gesunken. Der Marktanteil deutscher Produktionen hat sich auf 16,8 Prozent nahezu halbiert. (21), [Abb. 2]

Constantin Film, eine Tochtergesellschaft der Constantin Medien, ist der führende Filmproduzent und -verleiher in Deutschland. Unter den zwanzig meistbesuchten Filmen 2010 war mit "Konferenz der Tiere" jedoch nur eine Constantin-Produktion. Constantin Film schloss das Jahr 2010 denn auch mit einem Verlust ab. Dagegen hat die Mutter Constantin Medien in den ersten drei Monaten ihre Ertragslage etwas verbessert. Dank geringerer Abschreibungen auf das Filmvermögen fuhr man ein operatives Ergebnis von 6,7 Millionen Euro ein, nach einem Verlust von 0,3 Millionen Euro im Vorjahr. Auf Jahressicht rechnet Constantin allerdings mit einem Verlust von bis zu sieben Millionen Euro. (18), (19)

Medien und Zeitungen international

Nach zwei Jahren des Niedergangs sind in der amerikanischen Medienwirtschaft die Umsätze wieder gestiegen - einzig die Zeitungen verharren in der Krise. Hier schrumpften im vergangenen Jahr die Erlöse um mehr als sechs Prozent. Dagegen wuchsen die lokalen Fernsehsender mit 17 Prozent, die Kabelsender mit acht Prozent und die Magazine mit 1,4 Prozent. (8)

Bei dem weltgrößten Medienkonzern Time Warner ist die Entwicklung zweigeteilt. Während das Fernsehen dank der gut laufenden Werbung weiter Geld verdient, fehlen den Warner-Brothers-Filmstudios die Kassenschlager. Im ersten Quartal 2011 sank der Konzerngewinn deshalb um zehn Prozent auf 653 Millionen Dollar. Der Umsatz stieg um sechs Prozent auf 6,7 Milliarden Dollar. 2010 erwirtschaftete der Medienkonzern einen Umsatz von rund 27 Milliarden Euro. Zu Time Warner gehören unter anderem der TV-Nachrichtensender CNN sowie die Spielfilm- und Serienkanäle von HBO. Mit dem Time-Verlag ist man im Zeitschriften-Geschäft aktiv. (3)

Ein weiterer großer Spieler auf dem weltweiten Medienmarkt ist News Corp. Bei dem Konzern des Medienunternehmers Rupert Murdoch entwickeln sich die laufenden Geschäfte schwächer als erwartet. Im dritten Quartal des Geschäftsjahrs 2010/11, das am 30.6. endet, schrumpfte der Umsatz um sechs Prozent auf 8,26 Milliarden Dollar. Der Reingewinn lag mit 26 Cent je Aktie drei Cent unter dem Vergleichswert. Der Konzern, zu dem der US-Sender Fox, Zeitungen wie das "Wall Street Journal" und das Filmstudio 20th Century Fox gehören, hängt trotz seiner Größe von einzelnen Kassenschlagern ab. Diese blieben zuletzt aus. Murdoch baut daher den Konzern in alle Richtungen aus. In Großbritannien will er die 61 Prozent des hochrentablen Pay-TV-Anbieters BSkyB übernehmen. (2)

Der britischen Regierung ist die Marktstärke Murdochs jedoch ein Dorn im Auge. Deswegen will sie das Medienrecht verschärfen, sollten Medienimperien künftig auch ohne Übernahmen zu stark werden. Bisher darf der britische Medienregulierer Ofcom nur eingreifen, wenn ein Medienunternehmen durch eine Übernahme zu hohe Marktanteile erreicht. Künftig soll das auch der Fall sein, wenn ein Unternehmen in eine marktbeherrschende Stellung hineinwächst. (9)

Größter Medienkonzern auf der Insel ist Pearson. Diese hat 2010 den Umsatz um fünf Prozent auf 5,6 Milliarden Pfund gesteigert, der Gewinn kletterte um 28 Prozent auf 670 Millionen Pfund. Der größte Teil davon entfällt auf die Lehrbuchsparte. Zudem besitzt Pearson die Wirtschaftszeitung "Financial Times" sowie die zweitgrößte Verlagsgruppe der Welt, Penguin Books. (22)

In Frankreich hat der Lagardere-Konzern eine zurückhaltende Prognose zum Werbemarkt und enttäuschende Zahlen für das erste Quartal 2011 bekannt gegeben. Der Umsatz stieg zwar um 3,1 Prozent auf 1,8 Milliarden Euro, im fortlaufenden Geschäft betrug der Zuwachs aber nur 0,1 Prozent. Experten hatten ein bis zwei Prozent erwartet. Gleichwohl sieht die Konzernführung keinen Grund, ihre Ziele für 2011 zu ändern. (4)

Für Schlagzeile sorgte zuletzt die Verlagsgruppe Sanoma. Die Finnen haben zusammen mit lokalen Partnern das Benelux-Geschäft von ProsiebenSat.1 für 1,23 Milliarden Euro übernommen. (10)

Zudem ist in der Türkei der Marktführer Dogan unter Druck geraten. Aufgrund milliardenschwerer Steuernachforderungen verkauft der Medienkonzern des Unternehmers Aydin Dogan erstmals zwei seiner Zeitungen. Offenbar will Dogan, der unter anderem die "Hürriyet" verlegt, Ballast abwerfen, um die Filetstücke des Konzerns behalten zu können. (5), [Abb. 3]

Trends

Lohnverhandlungen in der

Medienbranche

In der aktuellen Tarifrunde will der Verlegerverband BDZV die Gehälter der Redakteure um fünf Prozent kürzen - Neueinsteiger sollen 15 Prozent weniger Lohn bekommen. Die Zeitungsverleger verweisen darauf, dass der wirtschaftliche Aufschwung die Tageszeitungsbranche nicht erfasst habe. Die Gewerkschaft verdi und der Journalistenverband DJV fordern dagegen vier Prozent mehr Lohn. Sie betonen, dass die Journalisten in den vergangenen Jahren schon finanzielle Einschnitte hinnehmen mussten. Gestritten wird dabei letztlich auch über die Frage, was Qualitätsjournalismus künftig kosten darf. Seit Anfang Mai sind etliche Häuser bestreikt worden, darunter die Süddeutsche Zeitung, die Axel-Springer-Druckerei, die Hamburger Morgenpost und die Frankfurter Rundschau. (13)

Presse-Grosso-System in der Diskussion

Umstritten ist auch der Fortbestand des Presse-Grosso-Systems in seiner heutigen Form. Das System regelt, wie die Presse-Grossisten die Zeitungen und Zeitschriften der Verlage an den Leser bringen. Ziel ist es, allen Publikationen gleichberechtigten Zugang ins Presseregal zu verschaffen. Siebzig Grosso-Betriebe liefern inzwischen 2,7 Milliarden Exemplare im Jahr an 120 000 Verkaufsstellen. Jeder neue Titel kann binnen 24 Stunden in jedes der Verkaufsregale gelangen. Das System wird nun attackiert: Der Bauer Verlag will künftig mit jedem einzelnen Grossisten verhandeln können. Dem norddeutschen Presse-Großhändler Alexander Grade hat er die Lieferrechte für seine Zeitschriften ("Bravo", "TV Movie", "Neue Post") entzogen. Das Verhandlungsmandat des Grosso-Verbandes bewertet der Bauer Verlags als kartellrechtswidrig. Seine Klage ist inzwischen in letzter Instanz vor dem Bundesgerichtshof angekommen. Das Verfahren könnte das Presse-Grosso-System ins Wanken bringen. Derweil haben sich Gruner+Jahr, Burda, WAZ und Springer bis 2018 an das Grosso-System gebunden. (11), (12)

Zahlen & Fakten

Abbildung 1: Zeitungen und Zeitschriften nach Auflage

Jahr	Verkaufte Auflage in Millionen*

Tages- und Sonntagszeitungen	Wochenzeitungen	Publikumszeitschriften	F:
1980	24,1	1,8	8،
1990	24,7	1,8	1(
2000	28,3	2	1:
2005	25,1	2,1	1:
2007	24	2	1˙
2009	22,8	1,9	1˙
2010	22,5	1,9	1˙

* Bezogen auf die verkaufte Auflage für das 4. Quartal. Ab 1995 inklusive neuer Bundesländer Quelle: IVW-Auflagenlisten Entnommen aus: FAKT Markt- und Branchenstatistiken (23)

Abbildung 2: Markt für Filmtheater nach Besuchern und Einnahmen 2000-2010

Jahr	Filmbesuch in Millionen	Besuch je Einwohner Anzahl	Einnahmen in Millionen Euro*
2000	152,5	1,9	824,5
2005	127,3	1,5	745
2007	125,4	1,5	757,9
2009	146,3	1,8	976,1
2010	126,6	k.A.	k.A.

* Bruttoeinnahmen bezogen auf alle filmabgabepflichtigen Filmveranstaltungen, inkl. 7 Prozent Mehrwertsteuer Quelle: Spitzenorganisation der Filmwirtschaft: Filmstatistisches Jahrbuch. Baden-Baden 2010 Entnommen aus: FAKT Markt- und Wirtschaftsinformationen (24)

Abbildung 3: Top 10 Medienkonzerne Europa nach Umsatz 2010

Unternehmen	Land	Umsatz in Mrd. Euro	
2010	**2009**		
Bertelsmann	D	15,8	15,1
Vivendi Group*	F	12,5	12
Lagardere Media	F	8	7,9
Reed Elsevier	NL, GB	7,1	6,8
News Corp, Europe**	GB***	6,8*****	6,6*****
BSkyB	GB	6,7*****	6,0*****
Pearson Group	GB	6,4*****	5,8*****
Mediaset****	I	4,3	3,9
Wolters Kluwer	NL	3,6	3,4
Bonnier Group	S	3,4	3,4

* nur Medien ** Geschäftsjahr endet am 30.6. *** und andere Länder **** Berlusconi ***** Umrechnung von Fremdwährung Quelle:

Unternehmensangaben Entnommen aus: FAKT
Markt- und Branchenstatistiken (25)

Weiterführende Literatur

(1) Medienkonzern Springer macht im Ausland und
im Internet Kasse
aus APA-JOURNAL Medien vom 11.05.2011

(2) "Avatar"-Effekt macht News Corp. zu schaffen
Murdochs Medienkonzern schneidet wegen fehlender
Kino-Blockbuster schlechter ab als im Jahr zuvor //
Erwartungen verfehlt
aus Financial Times Deutschland vom 06.05.2011,
Seite 8

(3) Medienkonzern Time Warner fehlen Kinohits
aus Financial Times Deutschland vom 06.05.2011,
Seite 8

(4) Krisen schrecken Medienbranche - Lagardere
bangt um Werbekunden
aus APA-JOURNAL Medien vom 03.05.2011

(5) Türkei: Unter Druck geratener Medienkonzern
Dogan verkauft Zeitungen
aus APA-JOURNAL Medien vom 29.04.2011

(6) WAZ kämpft um "Kronen Zeitung"
Medienkonzern zieht wegen wichtiger

Auslandstochter aus Wien vor das Schiedsgericht
aus Financial Times Deutschland vom 21.04.2011,
Seite 6

(7) Melodien für Millionen - Medienkonzern
Bertelsmann erzielt eine Rekordrendite - und will das
Musikrechtegeschäft ausbauen
aus Financial Times Deutschland vom 21.04.2011,
Seite 6

(8) Amerikas gebeutelte Medienwirtschaft erholt sich
- Renommiertes Forschungsinstitut bemängelt
jedoch, dass die Verlage zunehmend die Kontrolle an
Facebook, Google und Co. verlieren.
aus Financial Times Deutschland vom 21.04.2011,
Seite 6

(9) Murdochs Macht stößt Briten übel auf Minister
will Medienunternehmen des Landes deutlich
schärfer regulieren als bisher
aus Financial Times Deutschland vom 22.03.2011,
Seite 7

(10) Medienkonzern Sanoma landet Coup im Benelux
aus Finanz und Wirtschaft vom 23.04.2011, Seite 25

(11) Verlage sparen Millionen im Pressevertrieb -
Gruner+Jahr, Burda und WAZ binden sich wie schon
Springer bis 2018 ans Grosso-System
aus Finanz und Wirtschaft vom 23.04.2011, Seite 25

(12) Ein wegweisender Tag für die gesamte Branche -

Von der Entscheidung des Bundesgerichtshofs über das System der Presse-Grossisten hängt die Pressevielfalt ab
aus Finanz und Wirtschaft vom 23.04.2011, Seite 25

(13) Jenseits der Prozentrechnung Die deutsche Zeitungsbranche steckt in einem der härtesten Tarifkämpfe ihrer Geschichte. Nach harten Sparrunden fordern Redakteure einen Aufschlag - und Verlage weitere Einschnitte. Der Streit illustriert den Umbruch im Journalismus
aus Financial Times Deutschland vom 16.05.2011, Seite 7

(14) Streit um Internet-Expansion - Verlage wollen gegen ARD und ZDF klagen - Die Zeitungsverleger wollen sich auch vor Gericht gegen die Konkurrenz von ARD und ZDF im Internet wehren.
aus Financial Times Deutschland vom 16.05.2011, Seite 7

(15) Auslandsgeschäft hilft ProSiebenSat.1 Live-Betrieb des Sorgenkinds 9Live wird abgeschaltet - Rekordjahr im Visier
aus Börsen-Zeitung, 06.05.2011, Nummer 87, Seite 12

(16) RTL Group wagt nach dem Rekordjahr keine Prognose Gut 700 Mill. Euro Dividende für Bertelsmann
aus Börsen-Zeitung, 11.03.2011, Nummer 49, Seite 13

(17) Sky Deutschland sendet Hoffnungszeichen, aber

weiter in roten Zahlen
aus APA-JOURNAL Medien vom 12.05.2011

(18) Quartalsgewinn für Constantin Medien
aus APA-JOURNAL Medien vom 12.05.2011

(19) Constantin Medien wartet auf das Happy End -
Der Münchner Film-, Fernseh- und Sportkonzern will
im kommenden Jahr die Gewinnschwelle erreichen
aus APA-JOURNAL Medien vom 12.05.2011

(20) Holtzbrinck knöpft sich Digitalgeschäft vor
Verlagsgruppe tauscht Chef der Sparte nach sechs ·
Monaten aus // Verkauf der Webnetzwerke um
StudiVZ kein Tabu mehr
aus Financial Times Deutschland vom 09.05.2011,
Seite 7

(21) Kinobilanz 2010: Zuschauerzahlen sinken
deutlich
aus horizont.net vom 09.02.2011

(22) Pearson-Verlag übertrifft Erwartungen - Der
libysche Staatsfonds LIA hält drei Prozent der
Anteile. Das bereitet Konzernchefin Scardino
Kopfzerbrechen
aus horizont.net vom 09.02.2011

(23) D: Kennzahlen des Pressewesens 1954-2010
aus Media Perspektiven, Basisdaten, Daten zur
Mediensituation in Deutschland, 2010, S. 48

(24) D: Kennzahlen des Kinomarkts und

Theaterstatistik 1980-2009
aus Media Perspektiven, Basisdaten, Daten zur
Mediensituation in Deutschland, 2010, S. 61

(25) Europa: Top 10 Medienkonzerne 2009-2010
aus Kontakter, 14/2011, S. 28

(26) Bauer Media Group sehr gut behauptet
aus Kontakter, 14/2011, S. 28

(27) Burda-Vorstand verlangt nach "Speed"
aus Handelsblatt Nr. 073 vom 13.04.2011 Seite 4

Impressum

Branchenreport MEDIEN & VERLAGE Ausgabe 1/2011

Bibliografische Information der deutschen Nationalbibliothek

Die Deutsche Nationalbibliothek verzeichnet diese Publikation in der deutschen Nationalbibliografie; detaillierte bibliografische Daten sind im Internet über http://dnb.d-nb.de abrufbar.

ISBN: 978-3-7379-1906-7

© 2015 GBI-Genios Deutsche Wirtschaftsdatenbank GmbH, Freischützstraße 96, 81927 München, www.genios.de

oder ähnliche Einrichtungen und die Einspeicherung und Verarbeitung in elektronischen Systemen.